붉은 절규

시산맥 시혼시인선 049

붉은 절규

시산맥 시혼 049

초판 1쇄 인쇄 | 2025년 3월 2일
초판 1쇄 발행 | 2025년 3월 5일

지은이 이자규
펴낸이 문정영
펴낸곳 시산맥사
편집주간 김필영
편집위원 최연수 박민서
등록번호 제300-2013-12호
등록일자 2009년 4월 15일
주소 03131 서울특별시 종로구 율곡로 6길 36. 월드오피스텔 1102호
전화 02-764-8722, 010-8894-8722
전자우편 poemmtss@naver.com
시산맥카페 http://cafe.daum.net/poemmtss

ISBN 979-11-6243-556-4 03810 (종이책)
ISBN 979-11-6243-557-1 05810 (전자책)

값 12,000원

* 이 책은 전부 또는 일부 내용을 재사용하려면 반드시 저작권자와 시산맥사의 동의를 받아야 합니다.
* 이 책은 교보문고와 연계하여 전자북으로 발간되었습니다.
* 본문 페이지에서 한 연이 첫 번째 행에서 시작될 때에는 〈 표기를 합니다.
* 저자의 의도에 따라 작품의 보조 동사와 합성 명사는 띄어쓰기가 달라질 수 있습니다.

붉은 절규

이자규 시집

| 시인의 말 |

나는 아직도 설레고 싶다
眼耳鼻舌身意가 떠나지 않는 한
다시 올지도 모를
상처와 고통에 자리 내주며
비평이고 허무에 가 닿을지라도
나는 아직도 타오르고 싶다

- 햇살 품은 마을 매화동에서

■ 차 례

1부

빌딩숲 아래 Pantomime	19
벌들의 밀원통신	20
물의 현상학	22
빙하와 낙타	24
Revival 詩	25
그 숲에서 열애 중인 하늘소	26
Sunny side up	28
무늬고둥	29
어떤 화학	30
공동체의 달	31
테트라포드	32
우리 시대의 약수터	34
기이한 해변에서	35
대파	36
갱조개풍듀	37

2부

붉은 절규 41
몽당연필Odyssey 1 42
몽당연필Odyssey 2 44
몽당연필Odyssey 3 46
Big Questions 47
뱀이 허물을 벗는 시간 48
소금쟁이 50
오! 나의 52
물고기들 53
워낭이 원앙에 54
Wooly bully 55
신발과 닭털 56
밥 57
헐거청년 58
푸른 밤 59

3부

벼루	63
如狂如醉	64
Communication	66
애오라지	68
격렬히 아무것도 안 할 수 있는 힘의 공터	69
달과 오백 원	70
블랙맘바	72
나의 육갑이라고 쓰다	74
나는 파란고리문어	75
쇄빙선	76
나쁜 여자	78
분명한 nothing	79
광포리 석화	80
흐린 그늘	82
흙비	83
다솔사	87

4부

고고呆呆	88
이런 유배	90
잘 살았다고	91
심해난파선 속에서	92
당신을 버리지 않습니다	94
수선화 피다	95
달나라티켓	96
창부타령으로 기도하다	97
왼쪽 눈이 짓무른 거울	98
於中間의 냄비	100
문장 속에서	101
납작만두	102
언젠가는 귀틀집에서	103

해설 | 송용구(시인·문학평론가)　　　　105

1부

빌딩숲 아래 Pantomime

한 굴뚝이 연기를 물고 나타나자 한 굴뚝은 연기를 뿜고
나타났다 한 굴뚝이 빨고 오고 또 연기를 흔들고 왔다

굴뚝 수만큼의 하늘과 구름들이 소문과 염문을 에워싸고
기류와 기류끼리 죽이기와 살리기가 시작되는 고요전쟁의

파랑새를 잡은 굴뚝이 재채기하고 긴 발톱을 씹은 굴뚝이
침을 닦았고 빛나는 날개를 먹은 굴뚝이 벼슬을 찾고 있었다

한 굴뚝이 손을 털고 벤치에 앉고 한 굴뚝이 Cuffs Button을
채우고 앉았다 서 있는 이들을 달래며
타르와 니코틴이 연기를 몰고 구름 속으로 사라졌다
세상의
먼지가 먼지를 짓뭉개고 꽁초가 꽁초의 살 껍질을
벗겨냈다 그들의 속살이 진동하고 있었다

벌들의 밀원통신

허니칩 과자엔 꿀이 없습니다
잠 못 이루는 어둠을 꿀물로 위로받는 밤
번져 퍼지는 향내와 일벌의 배설마저 흐뭇해져요
안토 얀샤와 통화하는 기분입니다
슬로베니아가 낳은 18세기 양봉가 말이죠
우선, 같이 먹을 수 있는 가치를 위해
그의 생일이 '세계 벌의 날'이라네요

우선, 빈 벌집과 꿀벌실종 현상을 수배합니다
화가 난 지구 주변으로 인해 빨라진 개화시기
난기류에 서식지감소로 꿈꿀 수 없는 화원 때문입니다
알맞은 꽃 소풍에 상응하는 꿀벌의 내력 아닐까요?
해서
열렬했던 시간의 꽃가루가 도시 양봉으로도 운영된다는 사실
자칫 살충제 내성으로 생긴 유전적 다양성으로 갈 뻔했죠

꿀벌, 그들만의 nawabali엔 월드컵공원과
국회의사당 옥상을 의심했어요

섬세하고 투명하게 원심 분리된 욕망

그런 성향은 이상고온의 엘니뇨마저 스쳐 지나가요
안전성으로 활발하게 서식할 수 있는 옥상 밀원
꿀 1g을 위해 팔천 송이의 꽃을 가꾸는 축산농가
벌들이 공중의 공중을 터치합니다

그것은 새로운 날갯짓
휴대전화 기지국 전자파 등이 멸종으로 몰아쳤다는
파리 오르세 미술관 옥상 밀원에서 보내온 소식입니다

물의 현상학

유리잔에 맹물 반쯤 채우고 미지의 바다로 향해 볼까요?
급속도로 녹아내리는 세상 물의 신을 몰라요
너와 나를 침전시킨 도랑물의 투명한 맛마저 쾌적해서 말이죠
포칼로스와 함께하는 기분입니다

반가운 해갈의 이면을 분석해 보았죠
당신의 온도상승과 나의 수원 고갈을 방정식해 보면
라니냐 엘니뇨가 무슨 상관?
강물 밑바닥에 쌓인 우리의 걸레 탓입니다

병든 아기를 어쩌나요?
탄소발자국과 물의 발자국에 대한 이해가 필요했어요
해서 물의 날에 외쳤다는군요
'21세기의 전쟁은 깨끗한 물 쟁탈전이 될 것이다'
리우회담에서 시작되었다는군요
물 없이는 사나흘도 견디지 못하는 나약한 존재,
대체할 물질이 지구상에 없다는 거죠

유리잔에 맹물 반쯤 채우고 옹달샘을 응시해 보는 추억

옛 초가집 뒤란 대숲 그늘쯤이면 쾌락의 은밀한 루터랍니다
송사리 둘 투합한다면
병든 북태평양 한복판에서도 流氷을 받아들였다는
물의 신을 말합니다

빙하와 낙타

해와 달, 서로가 빙하와 낙타를 관리하는 세상
흐를 수 있고, 콧속 털 먼지를 아끼며 걸을 수 있고

비슷한 옷을 입은 수십 명 모자들이 사막을 통과하고 있고
流氷을 모른 채 구름을 새기고 있다

수십 번 그물질할 수 있고 일용할 별들을 담을 수 있고
가시풀에 피 흘리는 입, 일용할 관절을 차용한다

빛은 영원하다는 듯이 불을 지피고 앉은 모자 수만큼 적당
그 불이면 눈앞의 영원을 밝힐 수 있고

불 앞에서 수십 그림자를 들썩이며 농담하고 있고
범람과 고갈의 맛에 대해 흰 이를 드러내며 끄덕이고 있다

설산에서 물소리가 쏟아지고 바람이 발자국을 가리고 있고
모자들은 침묵을 들고 더 어두운 곳으로 가고 있다

Revival 詩

먼지바람은 그저 스쳐 갈 뿐이다
역한 핏물이 몸 밖으로 밸 때까지
부패의 꿈속으로 매몰될 때까지
악취가 되기 위한 몰입이었을 팽창
터진 비닐봉지 위의 환상 같은 달빛이 찾아들었다

으슥한 뒷골목에서
살해된 식욕이 창자를 드러낸 채
같은 하늘을 바라보고 있다

만찬을 그리는 내일이 가끔
정체를 번득이며 차갑고 날카롭게 지상을 쓸고 가다
반짝이는 빌딩숲의 뒷길을 지나다가
피투성이 된 달빛
형이상으로 함께 쓰러졌다

그 숲에서 열애 중인 하늘소

하는 일이란 교미밖엔 없나 보다 날벌레들
나무는 산란천국 창궐할 태세 서서히 우듬지가 아프다
그들을 유인한 나의 자동차 배기관에서 나온 것들
우리가 함부로 웃었던 매연이란 이름들

일찍이 찰스 다윈이 말했듯 뇌가 없어도 오로지 신경세포로서
우리 집 초파리들끼리 향유한다는 것이다
참나무 숲을 점령당하고 누가 누구에게 먹히고 있는지도 모를
공중에서 벌레 비 내리고 있다
새소리 아닌 짧은 신호가 야호! 나를 야유라도 하는 듯
막무가내 세상을 알리고 있다

어느 도심지는 우산을 쓰고 다니고
아이들은 비명을 내질렀다
출산이 귀한 세상 저들이 먼저 번식하는 것들
쓸어 담아 볶아먹을 수는 없을까

모르긴 해도
인간세상은 세균과 벌레로 진화될 것이다

Sunny side up

해 뜨는 중입니다 프라이팬에서
성급한 과열은 불의 신이 지켜보는 법
작은 해바라기불꽃이 이 시대 주방의 일이니까요
해서 P gas 열기를 달래줍니다
화내지 말아요
남극 Ozone Hole의 검은 달이 될 수도 있죠
살아있는 샛노란 해 어때요?
해바라기 해피 일용할 단백질입니다

걱정 마세요 오늘날의 달걀은 썩지 않아요
어미닭의 뱃속에서 이미
항생제 듬뿍 먹어 썩을 도리 없는 달걀입니다
공장식 출산의 Sunny side up
남극 상공의 오존층 달걀
해가 뜨는 중입니다 팬에서

무늬고둥

바닷가 밀려온 잡동사니가 내 눈길을 끌었다
우연히 만난 사랑처럼
매끄러운 등에 새겨진 달의 뒷면이랄까
어둠의 호흡을 기록했다면 익살스러운 농담이다
시간 속으로 유영하는 음악
닳고 닳는다면 선명해지는 속울음이 있어
울음은 노래여서 악보 무늬가 새겨지도록
썩은 내를 뱉으며
바람물의 표정을 속속들이 채웠을 것이다

뼈를 깎는 어둠 뒤척이는 물결
비로소 먹이라는 이름에서 벗어나
파도와 바람이 새겨진 얇은 등으로
조용히 정결하게 살자는 것

육신을 송두리째 비워야
바다의 공명성을 전달할 수 있다는 거지
얼마나 다행이냐
채워진 춤사위로 타는 귀를 모시는 일

어떤 화학

불 속에서도 재가 되지 못하는 물성
비가 내려도 젖지 않는 꽃
무덤을 지켜야 하는 결기라는 듯
색깔은 이미 관 속으로 갔다

플라스틱이 되어가는 이 시대의
하늘을 올려다볼 때
들판의 염소 떼들도 긴장하는 기류
화학염소로 신열이 났을 때
색이 짙은 구름이 네발짐승의 그림자 하나를
몰고 가기도

꿈꾸는 인류에 대한 순례처럼
아이들이 색색의 팔랑개비를 흔드는 오후
근처 소각장에서 검은 연기가 끓고 있다
소멸하지 않는 내 속의 합성수지여,

공동체의 달

으스름 달빛에 긴 머리 하늘거리는 여자가 있다
앵두입술로 양손을 내미는 비키니 차림의 여자가 있다

내 본성은 어둠이다 유기견 반려견이다 개뼈다귀시간의 축제다
치찰음에서 이탈된 쇳조각 녹슨 바큇살 몽당빗자루 끝 쓸려나간
반짝이들 프레스기 옆에 밟히는 피스들

여자의 산물은 달빛에 있다
내 머리핀과 브로치와 내 안경테 내게 온 선험적 탄생아
나는 차고 서늘한 관념이다

금이 간 얼굴 혼자 버려져 울지도 못하는 미인
상업주의의 냉혹한 명령이 마네킹 그녀를 달 아래 쫓아냈다
그녀 대신 우는 달빛
벤치에 앉아 두 팔 벌리고 있다

테트라포드[*]

어느 날
굶주린 어미 사체가 밀려왔다
주검은 고래상어의 위장관을 막은 비닐봉지다

밀려온 더미에서 겨우 빠져나온
물고기는 내 등에 누워 풍장으로 갔다
이제 곧
오대양 육대주의 식구들이
들이닥칠지도 모르는 장례
플랑크톤 자리를 플라스틱이 차지하고 있다

바다는 인간에 혹사당하고
문명은 인간을 혹사시키고
나의 등은 모든 것들의 등이다

겨드랑에서 밥 빌어먹었던 쓰레기 더미조차
절멸바다를 꿈꾸고 있는지 더 깊숙이 파고들어
물살이 물살을 이웃하는 사이에

찰나의 달빛은 꿈쩍도 않는 나의 하늘을 바꾸었다

* 방파제 침식을 방지하는 콘크리트

우리 시대의 약수터

이 시대의 약수터는
더 이상 약수가 아니다
죽느냐 사느냐 새겨진 검사표지도
잊은 채 다만 솟을 뿐이다

돌 사이로 흐르다 고이는
아득하고 막막한 호흡
폐를 느끼는 양서류처럼
자괴감에 빠진 햇살이 흔들리고 있다

이전의 샘물은
길가 자갈밭 그 옹달샘 물은
눈 비비고 일어난 토끼가 세수하러 왔다가
물만 먹고 갔다는 노래로 넘쳐흘렀다

길을 가다가 목이 타도 물끄러미
바라보기만 하는 옥 샘물이 서러워
가만히 손등을 적셔본다
이런 여유조차 사라지고 없을 먼

기이한 해변에서

아마도 바다 밑은 거대한 괴물의 집일 터
밀려오는 폐그물과 샌들 플라스틱조각 틈에 죽은 물고기의
마지막 울음을 채록하는 것은
미지에 대한 냉혹한 유언이다
그날은 공룡들이 되살아나서 추억을 되새기리라

인간으로 하여 살찌우는 괴물의
주검을 실어 나르는 파도가 **愛國者**
해안가는 그저 제 색깔일 뿐

썩은 냄새로 항거하는 검은 조개 위
난기류 하늘 표정이 삼엄하다
군데군데 아기무덤처럼 수북이 쌓인 불안의 책
뜬금없이 바닷새들 우우 지나가고
뱉어내는 언어만큼 내 혀도 분명해질 것인가
고자누룩해져야 할 시간이 한층 바빠질 것
오늘의 노정이 닻을 내리다

대파

청양고추 송송 넣은 파국이 끓는 것처럼
형체가 풀어지는 局面처럼
연옥과 한 몸으로
맵고 시리고 눈물 나는 현장

社主와 사원이 따로 놀면 大破가 오는 법

말하자면 칼칼한 파국이나 派局은
한 문장인 셈
의미 분절이 따로 없다

갱조개퐁듀

개명해도 국적은 바뀌지 않습니다
기다란 옹기단지를 지게에 지고는 재첩국이요
그 옛날 하동지방 골목마다 누비고 외치는 소리
뽀얀 국물이 할머니 속병을 달래곤 했지요

가마솥 아궁이에 불붙인 밤나무 가지 춤추면요
알맹이와 껍질은 각성하라 뽀얀 옹알이 언어들
이른바 갱조개는 재첩
솥 안의 열기는 안녕의 모양새와 흡사하지요
아픈 아가의 기다림
갱조개는 원래 약손이었습니다

한 숟갈의 분유와 쌀가루는 나락논과 소 아니겠어요?
쟁기질소리와 초원이 함께 노를 젓고 있습니다
주어엔 수사가 도우죠 과일 몇 조각과 두부를 곁들여 봐요
할머니와 아기는 세상을 냠냠 끝내줄 것입니다

2부

붉은 절규

핏대 세우고 달리는 차
속임수 하늘 창에 부딪힌
새의
희망심장이 차창에 터졌다

새들은 새일 뿐
공해항로를 모른다

빈 종이컵만 나뒹구는 길가
핀 제리세이지 핏방울 꽃
꽃이 아니다
노래를 잃고 비상을 잃고
울음 나부끼는 날갯죽지 위로
먼지바람이 훑어가고 있다

몽당연필Odyssey 1

　어느 날 오후 구룡포에 갔다 용 열 마리가 하늘로 오르기 시작했고 한 마리는
　바다로 떨어졌다 이윽고 바닷물이 붉게 물들면서 나를 불렀다

　물의 韻과 물의 筆
　내 몽당연필은 심으로 육탈한 어둠이다 오래된 멍이 풀려 나오는 침묵이다 할퀸 자국이 실낱같아도 草芥처럼 푸르고 파도 소리처럼 투명한 날들
　매의 깃을 불러 공중에 새기는

　내 언어는 회오리치는 물보라, 구룡포 검은 벼랑마루에서 막 날개를 닦는 해동청이다 칼날눈매에 삭풍이라도 섞어 치면 절묘정점이다 캄캄하게 홀홀한 시간
　미묘한 天文을 베껴 쓰다

　내 속말은 가늠할 수 없는 역린을 위해 파도처럼 솟구쳐 오른다 뜨거운

결기에 붉은 물빛이 떨어져 내린 허공 기슭에서였다 황량한 떨림도 거침없는 숨결도 받아 적고 있었는데 몽당연필 끝에 바닷속의 용이 보였다

몽당연필Odyssey 2

　춘설에 젖어
　일껏 발품이나 팔며 꽃그늘마다 구름기슭 볕뉘처럼 새근거리는 잔설
　아파라 얼레지 영산홍 산수유 바람꽃 그늘 속에서 느닷없이 후림불로 번지는 천지의 꽃그늘 그늘에 덴 듯 몸속이 아파라 백 년을 저지른 마음이 저런
　빛깔로 도지는구나 승천하는 용의 비늘 식겁할 후림불로 저렇게 도지는구나

　盛夏는 문심 한가운데 있어
　순 허드레로 고관절이 찔러대는 날
　천지는 검고 노랗고 둥글고 모난 문체로 팽팽한 날
　벗어둔 헌신 한 켤레의 평화 옆
　흥청망청 지리멸렬 순 아사리판으로 붐비는 남새밭
　쐐기풀이라면 어차피 손을 쓰기엔 글러 먹었다

　가을 雕龍이 한창
　개울물 서껀 꽃들이 물에 떠서 그냥 흐르는 게 아니다
　코스모스들이 저렇게 다투어 길을 트는 의뭉의 광경
　홑청에 바늘로 맑게 시침질하듯

물살을 한 눈금 두 눈금 곱자로 재듯이 하고
소금쟁이는 꽃잎을 당겼다 미끄러지기만 하는
비늘이거나 글씨거나
가을 꽃잎들이 트는 그 길을 내가 한눈팔고 따라가다
한평생이 문양으로 거뜬히 새겨질 것이다

밤 깊을수록 동지
기운을 새로 받는 중이므로
처마 밑에 널어둔 무청에 간조롱히 찾아든 바람은
양푼에 퍼둔 팥죽 돋을새김 팥알 위에 아롱진 바람은
생명의 기지개
내가 어머니 뱃속에서 태동을 시작하듯이
잘 잡순 돼지 구유나 설거지하듯 낼름낼름 밤바람은

몽당연필Odyssey 3

  뒤란 대숲 바위에 핀 이끼 속에는 단오와 칠석날의 남녀가 살고 그것을 아는 바람이 되가웃 들어가 살고 자오선을 따라 겨누면 발끝에서 겨드랑까지 창궐하는 한낮의 뭇 빛살이 옷깃을 여민다 수백 광년을 비껴온 먼지별과 아기별이 돌 안에서 마애불처럼 닳고 삭는다 다시 자오선을 따라 겨누면 쌉쌀한 고들빼기김치 대신에 하룻볕 아래 섬들이 살고 잔물결이나 애오라지 건져 말리는 섬들 속에는 쓰르라미 소리와 무쇠솥 검정과 애기무덤과 댓잎 같은 언어가 살더라 뒤란 대숲 바위 이끼에는

Big Questions

개장국 집 간판 내리고 개 같은 시대
새끼 번식하라고 길고양이 챙겨주는 시대

그들은 다만 먹고 또 먹는다
건초가 아니라 여물이 아니라

움직이면 살찌울 수 없어 네 발만 서 있을 공간에서
뭔가가 섞인 배합사료 부대가 계속 비워지고
비워져 종일 먹는다

오늘도 인간을 위한 기계살이로 별이 떴다
새벽을 알리는 첫닭 울음소리보다
롤링 칸칸 하얀 항생제 닮은 알이 채워지는 천국

쟁기질을 따라가는 병아리 떼 종종종
금빛 게으른 울음 해설피 울었다는 소는
어디로 갔을까요?

뱀이 허물을 벗는 시간

그것은 기척도 없이 삶이 그늘져야 가능한 일이다
복권 당첨된 하반신 장애의 오후처럼
도발적 감정 세포에서였다

헛구역질이 뜬금없는 뱀의 혀 같고 휘청거리는 못물 같고
무시래기 삶는 냄새 팥칼국숫집 나박김치 냄새 극심하게 거부하는
위기 암 덩이를 도려내고 한낮의 유등연지 움직임 없이 앉아있는 나

얼룩진 혈거시대를 생각하다가 옛 거제 포로수용소 시인을 읽었다
그는 목숨 사방을 경계하다가 방어포착에 조준했다는 것
위기를 모면했던 영어 번역 힘이 그의 보호색이었던 셈
사진 속 그의 커다란 눈이 연 봉오리 닮았다
꽃눈
시신경이 진흙 어디쯤에서 역동했을 터, 쓸모없는 지폐처럼
풀은 풀로써 제 몫을 다해

몸으로 언어를 보이는 파충류를 보면 안다
내가 기어간다면 바닥의 진동을 듣는 나의 아래턱과 內耳가
더욱 새로워질 것이다

소금쟁이

떠 있는 초서체가 경전의 적막이라면 저 못에 꽃을 띄울 일이다
발등에 물 한 방울 안 적시고 수면을 걸어가는 네가 미웠다

물 밖 무게보다 물속 네 꿈이 더 힘차다는 거지
떨리는 아킬레스로 표면장력을 디뎌야 하는 너의 하늘을 읽었다

개가 맨 처음엔 유라시아 이리였듯
유기견이 될까 봐
보신탕이 될까 봐
모든 생은 길들기 전에 쫑긋 알아채야 하는 존재이듯

나의 더듬이는 오늘 이미지의 모든 것이 되었고
정장 어깨 속 패드 하나 더 끼우면
이런 완벽한 나의 친교도 없을 것처럼
어제는 침관 세운 입으로 죽은 먼지들을 먹어 치웠다

날개를 모르고 물 위를 걷는 생이 전부인 소금쟁이

삶의 한순간이 돌이었다가 다시 별이 되는 황혼녘
외투를 벗고 전부 벗어던져 얼굴 피부까지 걷어 낸다면
네 얼굴 내 얼굴 엇비슷한 모양새란 생각

저기, 저 아수라가 건너가고 있다

오! 나의

이해 없이 수련하라고
나의 病名 없는 진통이 그랬다

개 소리에 화들짝 놀라서
내가 개처럼 짖어댔던
개 같은 시간
개의 눈을 보았던 생각

그리하여 나는 죽었다
'내 이럴 줄 알았다'
버나드 쇼처럼

개장국을 먹고 나와 그 길로 가는데
개의 동상이 보였다 오, 나의 우파니샤드여!

물고기들

죽은 새끼를 등에 업고 떠올랐다 잠기는 돌고래
살이 허물어지는 동안
가루가 되기까지 마지막 떠날 때까지
먹지 않는 아비라 했다

옹알이바람과 칭얼대는 물결만 흐느낄 뿐
쳐진 아비의 등을 어미가 대신으로 받들고 있다
통곡도 없이 모여드는 한 떼의 지느러미들
새끼와 아비가 떠나고 있다 천천히

지쳐서 죽어가는 늙은 아비를 위하여
장례의식을 표하는 듯
서로의 등으로 아비를 떠올리는 어족들을 보았다
없는 물속에서 숨도 못 쉬고 나는
오톨도톨 소름이 목울대에서부터 시작되었다

워낭이 원앙에
- 애너그램*을 위한 변주

사막의 막사에 오도카니
원앙침인 양 워낭이 기댔다

닫힌 사립 사이
원앙의 경극을 그리는 워낭소리

젖소냐 소젖이냐
음식의 식음이 상세한 세상이다

딸랑딸랑 워 워우
배경에 경배를

유 투 굿? 굿 유 투!

열렬한 하루
성실한 실성처럼

유아 해피!
너 피해?

* Anagram : 어구전철

Wooly bully

로맨스 세포가 번진다는 생각
락 음이 귓속에 차고

눈을 뜨니 나는 공중에 떠 있고
허공과 투명으로 직조된 시스루
온갖 줄들이 내 몸을 통과하고
나는 태어났다

有理不理라는 생각으로
소변이 넘치고 있었다

신발과 닭털

발라드처럼 부드럽다
버려진 신발 위에 우북한 깃털들
맛있는 인생의 발 냄새
발이 지향하는 날개의 사명을 다했다는 것
살을 보내고
중력을 보내고
높이를 보내고
보폭과 비상의 추상적 근육이 열렬하다
닳은 길일수록 허공의 식사는 맛있을 터
새 신발을 향해
또 다른 의미를 보이고 있다

밥

 요즘 당신을 대할 때마다 긴장됩니다 나는 당신을 피할 수가 없습니다 돌아갈 수가 있습니까 돌아가기 위해 새끼발가락에서 고관절까지 울고 있습니다 나도 당신도 대립하고 있습니다 지금 돌아갈 수 있습니까 이 마음이 아니라면 그 마음은 어디에 있습니까 내가 당신을 울렸나요 입안까지 다 식고 나서도 나는 당신 생각으로 굳어지고 있습니다 똥처럼

혈거청년

스치는 바람에도 묘혈 냄새가 난다
대학을 나오고도 다시 기술을 배우는 사내
머릿속엔 여자와 아기와 따뜻한 방뿐인
시골 오지에 묵정밭떼기조차 그리운
폐업 폐점이 늘어나는 거리

저 간판들과 나는 일찍부터 같은 운명인가 봐

보이지 않는 묘혈에도 향기가 난다
대학을 나오고도 다시 기술을 배우는 사내
뱃속 소리가 마치 출산 기다리는 아기 같을 뿐
문 틈새 기어드는 바람조차 옹알이로 그리운
꽃집 술집이 사라지는 거리에서

푸른 밤

 나무의 결을 더듬고 힘을 예감하는 벌레들의 촉각은 넓고 깊다 달포 전부터 벌레가 편백나무 선반을 갉아 먹고 있었다 처음엔 옆모서리 세 군데, 며칠 후엔 여러 군데 고운 떡가루 같은 것이 보였다 저도 먹어야 살지 볼 때마다 마른걸레로 훔쳐냈다

 책상도 시계도 거울도 잠들지 못했다 푸른 밤이 출렁거리고 그때 침착하게 매달린 몇 장 별들과 그늘을 주워 올리며 나는 그림자를 남기는 것은 빛이 아니라 제 속의 흉터라는 것을 알게 되리라 가슴 아프기 시작하고 점점 벌레들이 근거리로 깊어지고 장기마다 열꽃들이 피고 있다

 어떤 새벽이 저 열불에 온전한 정신 한 줄기 심을 수 있을까 벌레 지나갔던 길 냄새를 맡다가 나는 약간의 체온이 필요했다 인간이 벌레 길을 따라 걸으며 황금의 색깔이 채색되고 있었다

3부

벼루

이 돌도 엉겁결에 굴렀을 터
붓이 기다리는 줄도 모르고
벼락을 맞고 벼랑에 떨어지는 운으로
폭포에 시달리기 시작했을 것이다

잔설 속 홍매
댓잎 흔드는 소리
돌아갈 수도
이름도 없었다면
이 돌은 우주의 한 몸을
그냥 건너가기로 했을 운명

다음 세대를 잇는
인간 세상을 위한 물소리 새소리까지
갈구고 닳은 현생의 몸이 하나의 존재로
묵묵히 지키고 싶었을 것이다

如狂如醉

한 줌의 별뉘
흙속에서 드러나는 돌
돌 하나를 만져보는 마음은
밤의 환상이 다녀간 시간이다
하나의 돌이 흙속에서 빠져나오기 위해선
취하고 미치는 경지가 필요하기도 하겠지만

한 줄기 윤슬
빛의 소리들이 물 위로 펼쳐지기 위해선
얼마나 많은 바람의 호흡인가
물결마다 입혀진 무늬가
아픈 사람을 달래고
빛의 맥박이 다녀간 시간이 물 위에선
포근한 이불이 된다
넓이를 잴 수 없는 바다에선
떠난 허파들이 잔잔히 밀려오고 있다

한 계절의 몽니
病은 내 꿈의 blank이다
몸이 그 잠깐을

애오라지로 반겨야 할 덕목은
病도 나를 택해 제 꿈을 전달하고 사라질 때까지이다
서로의 幻影으로 피 말리며 소리 없는 통곡
둘은 말라가며 태어나고 있다

그리고 하나의 혈거
생의 응집들
한 생애를 지느러미에 맡기고 살던 것들
만삭의 물고기들은
배의 환영을 알아보고
그늘의 부력 안에서
구만리 날고 싶은 마음인 채로
파도의 가락을 닮아가는 관습은 노래가 되었다
마른세수하고 비치지 않는 거울을 보듯
하나의 마음이 최초의 품 안에 정박하고 있다

Communication

누군가가 은행나무를 말했다
치마모양의 잎사귀면 암나무이고 바지모양 잎사귀는 수나무라더니 아니다
바지모양과 치마모양이 섞여서 달린 것도 있으니 열매를 바랄 수는 없을 일
가지가 아래로 처지면 암나무이고 하늘로 쭉쭉 뻗은 나무가 수나무라더니 아니다
암수 모두 늘어진 나무도 있으니 나무도 문란하다는 생각
초라할 정도로 아주 작은 꽃이 피는 나무는 암나무이고 줄기에 붙어
조롱조롱 꽃이 피는 나무는 수나무라더니 분석 비율로 볼 때 교란 종이라는 생각
누군가는 궁금한 것이 많다

대구 황금동 은행나무거리 지나 시계방 살림집에 어찌어찌하여
두 부인과 한 남자가 윤자라는 딸과 평범하게 살고 있다는데
앞치마를 두르고 나온 여자가 물주전자를 정리하고
두건을 쓴 여자가 시장을 봐 온다고 했다
두건 쓴 엄마와 딸이 한방에 잘 때면 앞치마 엄마와 아빠가 한방 쓰고

앞치마엄마와 딸이 한방에 잘 때면 두건엄마와 아빠가 한 방을 쓴다 했다
평범하게 해가 뜨고 평범하게 달이 뜬다는 사람세상이라 했다

애오라지

모른다는 눈빛이 바로 볼 줄 아는 경지라면
이론과 이상이 현실한테 머리끄덩이 잡혀야지
따지고 보면 우리는 서로 먹이사슬 아닌지

동죽조개 이마쯤에 드릴로 뚫은 듯
정확한 원형의 구멍도 목적에 대한 가차 없는 집중력
숨죽이는 몰입
멈춤 없는 궁구
그것은 이런 것이다, 하고 잡아먹힌 폭동 같은 정적

내가 나를 방목하고 단속하고 미쳐야 했다
의도와 의미를 배신하고 나의 표현을 의심하고
나를 저울질하고 중증이면서 자의적인
혀를 넣고 죽은 척 말이다

격렬히 아무것도 안 할 수 있는 힘의 공터

사이판으로 부부동반 여행 갔던 회원이 탄 배가
박살 났다는 뉴스를 주제로 하는 긴급회의가 있었다

살아있다니 다행이라는 몇들과
공금채무 변제가 우선이라는 몇들
카운슬링과 컨설팅만 무성하다
돌고래와 상어가 다르듯
헤드기어를 쓰고 아웃복싱을 해야 하는가
맨몸으로 이종격투기를 해야 하는가

쟁반 위에 토막생물이 꿈틀거리고
너와 나 살가죽을 벗고
피가 뚝뚝 떨어지는 얼굴로 마주 앉아 핏발선
진실을 안주로 술을 마시는 꼬락서니들

또 따른 나에게 논평을 지속하고자 온 힘을 소모했다
공터, 나는 없고 늙은 허수아비만 편했을 뿐이다

달과 오백 원

 A4지 상단 귀퉁이에 달을 그리다 달빛을 그리다 오백 원 동전이 떴다
 오늘의 소명을 미리 아는 듯 빛을 빚는 그, 달나라엔 토끼가 바쁜가보다 절구질 소리 궤도를 그리며 들리는 빛의 소리

 참말일까 달빛이 거대한 눈빛이란 소문,

 몽파르나스에서 내려다본 창의 A4 지에 꽉 찬
 빌딩숲 달빛은 집요하다
 달의 시신경에서 발현된 눈총이 촘촘했다
 처음 달을 만졌던 Eldrin은 오늘날 달의 전령사가 되어
 달의 살점을 떼어와 빛의 본성을 전달했을 것이다

 오백 원 동전만 한 땅이 달나라 될 터
 골목 곳곳에 게워내는 드럼통들
 터진 덩치의 내장들이 우리를 꿰뚫어 보고 있다
 먹지 않고 쓰지 않은 일회용들도 보여
 달빛을 피하지 못해 어쩔 수 없이
 살찐 사람들의 풍경이 살찌는 중이다

창을 닫고 미친 척 막연하게
장난감 지구공에 동전을 넣고 주문해보는 시간
동전 소리는 달의 소리, 모든 기도가 반응할 때 창세기처럼
달의 토끼가 궤도를 바꿔 이동할 것이다 아마도

블랙맘바

이제 내 탐지에 걸려들지 마라
나는 네게 내 이빨을 다 주었다

어차피 生은 드러내거나 숨기는 것으로 저무는 것
빠진 눈알을 헹궈 다시 넣는 어미를 지켜보며
外耳에 진동이 자라나고 있는 블랙맘바

엄마, 한밤중에 방문하는 저 모자들이 두려워요
내가 태어날 때 너는 나를 읽어주었단다
그러니까 저들 앞에서 줄타기하고 싶은 걸요

어디선가 너의 이복동생을 물어다 내 등에다 업히고
아버지는 좀 더 높은 쪽에서 하반신이 잘려나갔단다

엄마 내 우주가 대만원이라서 그래요 희미해지는 걸요
돌멩이 위에 침을 흘리고 다니지 마라
집게를 든 손들은 좋아서 발소리를 죽일 것이다
알아요 이제 기척을 듣고도 이빨을 아끼는 걸요

내 둥지 앞에 매해 젊어지는 오래된 느티나무가 너 아닌지

얘야, 네가 다 자랐으니 나는 이 둥지에서 다시 태어나고 싶다

나의 육갑이라고 쓰다

살아있는 곰을 눕혀 놓고 쓸개를 찌르는 주사기 옆
나는 그냥 일행일 뿐이라고 애쓰고 있다

내 쓸개를 그냥 둬요 제발, 붉은 눈알 뒤집으며
곰이 네 발을 허공에 대고 몸부림쳤을 때 나는
하늘 한 모금 땅 한 조각을 눈으로만 삼킨다
어린 남자만 잡아 생체 실험했던 731부대 일본군의
2차 대전도 아닌 세상에

그냥 일행일 뿐이라고 고개만 돌리는 나에게
푸른 쓸개 액을 소주잔에 타 마시는 바람이 스친다

고꾸라져 일어서지도 못한 네 발이 흰 거품 품으며
쓸개 빠진 나를 하염없이 바라보고 있다

나는 파란고리문어

그랬는데 바닷물이 안방까지 밀려왔는데 새끼문어였다
다 커서 생모 찾아 말없이 떠난 막내의 웃는 얼굴
파도야 뒤집어엎어라 쳐라 때려라
꿈을 꾸었는데 꿈속에서도 온몸이 흥건했던

것처럼
수만 꼬리 탐색의 수컷을 만나 단 한 번의 열렬한 사랑인
아무것도 안 먹고 촉수로 바람을 일으킨 어종처럼
잠시도 쉬지 않고 울음보다 강하게 가르친 적을 아는지
마지막 인사인 너

지금은 누가 만지기만 해도 독성이 번지는 살의로 생을 마감하는
파란고리문어의 아픈 blue와 땀나는 波浪 속이다

식후 넘긴 분홍 젤로다 세알이 환각 속 서른 해를 달리고
옹알이처럼 몽실몽실 흰 목덜미를 돌리고 네가 처음 와서
수두로 온 얼굴에 팥죽 뒤집어쓰고 가픈 숨 몰았던 것처럼
그랬는데

쇄빙선

어디로 가는 신탁일까
계란으로 건들 바위를 박살 내는 꿈
어떤 충격은 살아나지 못할 추억을 동굴로 보냈다
제 꼬리를 물고 도는 뱀처럼 안으로 고이는 적의
낮달 살피다간 나를 삼켜 버릴 아귀다

콩고의 빈민굴이 폭설에 묻힐 때
제설제를 팔아서 떼돈을 버는 꿈
빙하세계라고 불러주길 바라는 것들이 있다

칼에서 태어난 유빙의 꿈이라 하자
도니체티의 남모르게 흐르는 눈물이 몸체로 흘렀다

롱기누스의 창처럼 번쩍, 예각을 그릴 때
옆구리를 스쳐 가는 천둥과 번개를 벗 삼아
창문에 투명한 벌레들이 실실이 내리고
주르르 정신없이 내리고 미끄러져 내리고

갓 부화한 빙산의 유생들
빨랫줄 위에도 내 눈썹 위에도 굼실거려

창밖 시가지가 유토피아라도 되는 듯이
나는 쇄빙선 속에 있고 쇄빙선은 내 속에 있다

나쁜 여자

 앙상한 가지만 남은 감나무에 살모사의 눈알처럼 빨갛게 달린 감이 파리해진 제 그림자를 그리고 있다

 그땐 그랬다 독이 묻은 칼을 벼려 시를 적으면서 굶주렸던 사랑 한 쪽을 구원받은 적 있었다 잘 나가는 사람을 뒤로하고 반짝이고 싶었던, 구두가 닳도록 뜨거웠던 나날들의 온도로 내 안에서 등 돌린 것들의 항거를 적었다

 보리 효모액을 亂毒처럼 채우고 가소로운 입꼬리 지저분하게 흘렸던 오줌 색깔의 용맹, 유리잔 속 예쁜 모자이게 했고 도랑물시인이게 했고 감꽃처럼 무성했던 그 색깔, 이젠 내겐 없다 나의 위파사나여!

 과거가 과거를 만들었던, 나를 붉게 했던 건 풋감보다 열렬했다 하지만 나는 떫었던 기억으로 갈 것이다 겨울 뱀처럼 눈 떠 있는 것, 주름살 속의 젊음으로 아파야 사는 것

 죽은 나무가 서 있다 나쁜 여자가 서 있다 붉은 것은 단맛과 상통한다

분명한 nothing

달에서도 안개비 눈먼지가 내린다는 보도에 역병 창궐한
바이러스가 눈웃음 짓는 시대

어머니 물동이 안의 동동 개똥참외들은 사라지고
주렁주렁 조롱박꽃 두레박질의 늙은 등나무가 지켰던
우물물 물줄기는 후원의 대밭 골에서 죽었다
아무것도 아닌 분명한 것이
측간 神, 성주 神, 쟁기질도 몰아냈다

대밭 골 웅덩이에 별이 총총
사립 밖 도랑물의 몽돌 길은 어느 별자리로 갔을까
잡신 쫓을 금줄 씌웠던 기우제는 옛 신라 알영정을 불러야 할 일
달이 뜨면 몽돌 깔린 옥샘 물을 어두워지도록 보고 있었다

신인류라는 괴물이 와서는 까까머리 정수리에 앉은 쇠똥을
긁어 별의별 세상에다 풀어 놓았다

광포리 석화

파래 섞은 석화 물회, 하동 광포리 지나
늙을 줄 모르는 달빛만 우수수
노량대첩을 아는 바람이
대교 아래 통통배 왜적 같은 해풍이 거칠다

잘살자는 고속기계문명으로 노쇠해진 닻을 보다
방학 때면 남해군청 앞 할머니 댁으로 갔던 단발머리
노를 저어 건넜던 나룻배도 사라진 지 오래

파도가 센 날은 이쪽 여인숙에서 정유재란을 떠올리며
물별들과 밤을 새웠고
해상봉쇄라는 역사적 기억 속에 들어
한참을 출렁거렸던 바다 울음에 가슴이 아렸다

광포 바닷가에서 따온 석화를 동산처럼 쌓아놓고
하동 김을 묶어 냈던 고모는
이젠 녹슨 어구만 닦으며 하는 일이 없다
〈

금오산 허리를 돌아 광양만으로 이어지는 산업차량 행렬이
왜적 풍을 닮았다

흐린 그늘

어머니 옛 빨래터 돌은 없고 狀만 커졌다
도착하자마자 지친 나를 반겨주는 주성川
육일 장날은 새 장터에 낙지국밥이 바빴고
동동구리무가 북을 치며 누볐는데

옛집은 간데없고 '번지 없는 주막' 노래비만
반기는 듯
바라지 않고 다 놓으니까 금오산이 보였고
다 비우니까 강줄기도 한 방향으로만 흐르는가

문득 흐린 물이 내 얼굴을 적시는데
물의 척추가 굽은 방죽을 굽어 따라가는데

삼한시대 치열한 공방전을 기억하는 하늘이라서
주성천도 저렇게
따라 흐른다는 것이다

흙비

내 눈 속으로 오고 있는 너
가뭄 탔던 가슴께가 기지개를 켜
텃밭 거적때기 걷어 내자 성급한 계절이
꿈쩍도 않는 자전거를 깨우고 있다
빗소리
내 귀로 오고 있는 너
달개비꽃 진저리치며 달빛 빗듯
자전거 바퀴에 꽃향기 잘리는 소리
슬프지 않은 일에 우거지상을 하고 바라보는 일
悲가
마음으로 오고 있다
지퍼 열린 봄, 탈옥을 꿈꾸는 움이 있어
은밀한 생각 하나가 식은 찻잔을 데우는데
주렴을 헤치고는 부르려다 말고
오려다 멈추어진 그림자가 있다

4부

다솔사

진교장터 지나 곤양 지나서
'왜 왔니' 묻는 솔향기

애꿎은 앞머리만 쓸어 넘기는 나에게
'무녀도 찾으러 왔니 동리 만나려 왔니'
'초하루도 아닌 동지에 팥죽 먹으러 왔쟈?

세 번 절하다 미끄러졌다, 누군가
껄껄껄 웃는 솔숲 속에서 마치
'네가 새로 태어날 마음이란 거지?'
'그냥그냥 一陽始生 찾아요'

천년 녹차밭길 울울창창 소나무들
너 왜 왔냐고
다시 묻고 있다

고고果果
- 유협 『문심조룡』 - 물색 편에서

그것은 높고 깊고 그윽하게 반짝이는 경이

내 눈을 뺏어간 마당은
이미 태양의 간을 발라 피를 뽐는 중이다
내 시신경을 잡고 요요 거리는 마당에 이윽고
간밤의 상처가 안경 벗어놓고 사라지기 시작한다

꽃병 없이 낱말도 없이 문장이고 물관인 당신,
자욱하다

바람에 거세되고 기진한 밭이랑을 감싼 흙
산비알에서 온 살점들은 옥토의 추상형
석류꽃들 벌고 오이꽃 피고 긴말 전하지 않아도
푸름으로 알아듣는 남새가 있고
빛과 그늘에 죽고 사는 이파리가 낭자하다

다친 마음은 눈이 밝아서 경물의
기와 운으로 음양을 깃들이고 있는
당신
열린 수정체 너머 내 망막으로 버거운 햇발 노 맞고 서서

이 빛의 가무, 흥건하다

미망 속 영세한 내 문장에 남세스러움만 내려다보고 있을
무위의 당신 가득한 물색

이런 유배

아이 맡겨두고 썰물에 일 나갔다가
해가 진 후에야 찾은 아이 얘기는 몰랐어요
옛날도 옛집도 그 아무도 아득해지는 동안
낯설고 두근거리는 곳이 기다리고 있었지요
해무를 이불 삼아 파도를 베고 누운 고독
자근자근 삼키면서 야위어가는 욕망 안고
노도 아닌 섬으로 가서는 다시 돌아오지 않았지요

지금 생각하면 사랑과 별리는 한통속 맞지요
한밤중 잠을 깨워 안부 묻는 소리 아이를 찾듯
어서 오라고 손짓하면 어쩌나요
다시 사람들 안에서 유배당하는 일 두려워요
하늘 맞닿은 곳이 상징하는 서포 선생의 그림자
말문 닫고 눈 귀 닫아 사죄하는 마음일 뿐
더 먼 섬으로 가서 돌아오지 않을 궁리하지요

잘 살았다고

벚나무에서 떨어져 파닥이는 새를
그 배경만큼 꽃이 심오한 눈을 열고 있다
노그라진 어둠이 천천히 스스로 멸하는 상황
날지 못하는 새의 기척으로
단절된 시간을 한 장씩 넘기고 있다는 거

꽃으로 체포되고 싶은 미래거나 사육당하고 싶은 방에서
신의 언어와 신의 웃음을, 신의 불꽃 속에서
어린 새의 질량을 느낄 수 있다면
꽃 천지는 한 방울의 눈물이다

베란다 창으로 분홍체취 와락 쳐들어와
오늘은 꽃등으로 와서 나를 좀 업고 갔으면
어느 집 갑자기 주저앉은 구순 노모가
고요히 편안하게 잘 가고 계시나 보다

심해난파선 속에서

큰 수술 후 저체온과 우울을 호소한 죄
유언이라는 협박으로 주변을 괴롭힌 죄

마당에 라일락 자욱하고 우물가 화관이 먼저 반기었고
백 년 석류나무 아니어도 감나무와 어른 나무만 사는 집

해 질 녘이면 창문에 검은 나무그림자 기웃거리고
밤 깊어지자 굵은 상어 소리와 고양이들 울음
해저 속의 나를 난파된 쇄빙선이라 칭하는 밤바람과
뱃고동 소리까지, 수면 밖에서 개가 짖어댔다
내 눈 수정체에 복사된 피사체의 정점, 검은 발걸음 소리
수상한 날씨뿐인 바닷속에는 주인 잃은 폐기물의 아우성이다
해골 되어가는 나의 결락 부분을 채우기 위한 출발 엔진에
배터리 설치 중인 조각배라 하겠다

군불처럼 붉은 석류알과 뜨신 방바닥의 이미지로 버선 꽃 합창
사계절 기다리는 동안 마당의 동파로 굴삭기 다녀갔고
관념과 개념 사이
난파선에서 훈련했던 심해 잠수사라고 하겠다

〈
바윗골과 해초 숲의 그늘은 멀고 멀어 지금은 폐허가 된 더미와 더미 사이를 떠도는 잡동사니 어류라 하겠다

당신을 버리지 않습니다

점점 핏줄이 가늘어지는 너는 더 이상 사랑을 만들지도
받지도 못했다
사랑의 수치가 쌓인 너의 정수리에서부터 탈이 났다
이제 나는 너의 반경에서 더 이상 꿈꿀 수 없다
인공호흡 하지 말아 달라고 돌아가는 전문가의 등 뒤에서 나는
꽃말도 전설도 없이 다만 '당신을 버리지 않습니다' 구전으로만
살았다고 너를 쓰고 싶었다
쌀알만 한 흰 꽃 작아서 빛나는 꽃
울타리로 뻗어 나갈 근성을 묵언 수행했다는 거지
화분만큼의 하늘로 가고 싶다는 거지

나는 공중에서 공중으로
白丁花의 지리멸렬한 열반경을 접수했다

소박하게 나부끼는 언어가 다친 시간의 그늘이 될 때까지
음지식물도 영혼을 키웠는지
문갑 위 빈 화분 속엔 스무 해 묵은 투명 꽃 살고 있다

수선화 피다

길가 더미 속에서 멀쩡히
저 엷은 꽃잎 한 장이 보내고 있는 독배
노란 즙이 공중을 구기자 무심히
수선화의 전갈을 헤적여 보았다
너의 신기루거나 우레거나
물 잔이 떨리고
구름에 암세포가 포진한 날이면
내 손톱 발톱부터 검어지기 시작하고
버려진 더미 속의 의미심장한 날개
환멸의 새 떼를 보았으니
독한 심층부에 네가 자랐다
하여 알약은 꽃의 뿌리
너로 인해 활공의 뒷면을 경청하고 너로 인해
내 발끝에서부터 살 껍질이 벗겨지기 시작했으니
이곳은 기이한 장르에 속한 꽃의 극지
나는 덜 자란 만큼 다쳐 왔고
긁힌 데마다 수선화가 피고 자랐다

달나라티켓

새벽달이 창밖에서 보채기에 서둘러 배낭을 챙겨야 했다
꿈속이 아니다
돌담골목길과 방죽, 나룻배, 숫돌의 숭고한 지평을
꿈을
눈치채지 못한 마음 소식 없는 것들, 문전걸식하는 나와
다른 언어로 꿈을 꾸고 있는 나의 그들
이 모든 것을 배낭에 넣었다
꿈에서
뉴스가 끝나고 노트를 챙겼다
아폴로 11호가 처음 만졌던 흙이
그때 선장 콜린저의 이마에 묻어왔다는 꿈을
멈출 수 없는 행성이라 하자

내가 잃어버린 것과 그들이 버린 것을 담은
투명하고도 분명한 우주 속의 그림자들이
달나라 티켓을 창턱에 놓고 갔다 천천히
나를 구겨 넣은 배낭에서 나온 달이 이끌었다

창부타령으로 기도하다

썩은 청어 속 같은 영상 CD를 수험표처럼 접수하고
내가 노래하는 동안 잘라내고 긁어내고 꿰맸다고 한다

나체로 소나기 속을 뛰어다닐 수는 없을까?

쓴맛과 욕지기, 그런 후에 혹사하는 臟器들
오장육부에 출제된 문제가 깜박일수록
분석과 핵심 사이 낭만이라는 딴짓이 드러나야 할 일

내 몸 연결된 Urine line 색깔이 숙제
빨간 줄과 우윳빛과 맑은 줄들의 염문에 능숙한 수사가 있다
보내고 비우는 수련, 다녀오겠다고 인사한 희디흰 벽들
창부타령으로 방사선을 쬐어도 완치되지 않는 분노가 전이 된다

緣이 있어 같이 걷고 緣이 있어 발버둥 쳤으나
말기 암을 키워 낸 것은 스스로의 한숨,
인연의 운율로 꿰맨 자리에 다른 계절이 그려지고 있다

왼쪽 눈이 짓무른 거울

달력을 보다가 숫자를 세다가 그 옆의 거울을 보다가
왼쪽이 수상하다가 흘러내리는 구름을 보다가
눈총으로 드릴 박다가 마침내 희미해지는 빈칸에서
거울은 왼쪽 눈을 다쳤다

내가 거울 속의 공중을 떠돌다가 쭈그러진 거울을 입질하는
사해를 지나는 동안 내 눈 속은 짭짤했고 나는 文語를 삶
았다

탱글탱글 붉은 맛
열넷 죽은 초인종이 빨판처럼 달려서
이빨 세운 아가리뿐인 지난 사랑을
지난하게 씹었다

거울바다가 내게 주는 뇌 과학적 분석이라면
문어의 본령들이 맛의 예각을 세우는 중
등고선을 그리며 헤엄치는 언어는 구름 성향이다
몇 권 책을 쌓아 딛고 서서 거울과 접 지르기라도 하고 싶은
지금
나는 금세 반짝거리는 낚싯바늘이라도 될 것이다

시어가 아니면 낚시도 없을 테니
앙상한 무릎 사이 고개 묻은 여자에게 찌를 띄우는 의미
연체류 삶은 국물이 그럴 듯도 해
한 마리의 바다를 끓이는 책상이 거울 속으로 갔다

於中間의 냄비

그러했을 때, 대책 없이 굳어 터진 제사음식을 해치울 작정
별별 보러 갈래, 개괄적 집합 보러 갈래,
이념 모르는 칼자루에서는 모든 것이 자료이다
가령 어떠한 단순에서 제외되었다면
구황작물도 한칼 버려지는 것들 다 모여라
껍데기와 아가미 잔뿌리와 모서리들을 칭하여
추락하기 전에 당당해지는 하나의 존재 방식을 말하지
생강 마늘 따위는 향신료라는 꼬리표 획득할 테지만
어차피 이쪽으로의 합류도 숙고해야 할 문제
썰고 다지고 섞어 천천히, 이즈음의 한 호흡
각개의 자존을 버려야 완성되는 테이블이 있다
다시 태어난다면 바닷속 다시마로 살 일
해물 향이란 묘한 식욕을 부른다는 것
이것이 맛의 경계를 넘어 성찬의 경지까지 가려면
누군가에게 얻어터져야 마땅하겠지만
밑간과 욕심 없는 배합 반죽에서 식감이 다가오고
퇴각에서 절정으로 가는 감탄할 사건
어디서부터 이런 일이 벌어졌을까?
시궁창으로 시작한 천국의 일품요리가 될 일이다
어느 날 잔반찌개를 경골탕이라 불렀다

문장 속에서

쌓여있던 식자재들이 꼿꼿이 나를 목격하고 있다
과정을 부려놓으면, 실습이 된다, 그것은 학습이다

예를 들어 다지기양념부터
아귀찜을 텍스트로 하자
생것들은 모두 들고 일어나, 한 사람의 한 조리대 위에서
숙연하다, 기다린다, 요란하다, 제목이 이루어지는 동안
곁에 있던 것들은 삼가 따라야 할 한 이름이므로
부호와 나 사이 끓이고 볶고 찌는 창작과정에서
겨자냐 머스타드냐 딴전 피우기로 성공하는 완성미
조동사와 관형어는 생강향이다
마지막 작품 탈고 위해 경골어류 아가미가 무너져야 했다

방치해 둔 플라스틱용기에 시든 용맹이거나, 노쇠한 향기들
놓친 본성의 기호들이 낡은 문장으로 가다가 굳어지고 있는 중

문자들이 냄비에서 새들로 환원하다 이윽고
새의 소리가 죽은 후
또 다른 내가 통속이 되어
바깥으로 나가 돌아오지 않았다

납작만두

수십 년 전 전국 시초라는 역사가 불렸다
교동 납작만두, 그것밖엔 입덧이 문제라는
서울로 시집간 동생이 왔다

비 오는 날 손가락 불며 먹던
간판도 없이 허름한 천막 안의 부유한 역사
노르스름 납작만두를 활짝 내주는 주름진 손
찰나, 우리는 울컥하는 눈을 서로 맞추며
바삭바삭 쫀득쫀득 싸움닭처럼 해치웠다

만두 속 부추 몇 가닥, 말 못 할 청춘을 구가하듯
푸른 말이 새겨져 있었다

언젠가는 귀틀집에서

계곡에서 들리는 귓속말로
로맨스 세포를 깨워보고 싶은 바람처럼
눈감을 터
삼백육십오 일 알약들 주사액들의
극렬한 사랑의 피골상접이면 되겠니?

벌레라는 내 그림자 벗어던지고
골립든 군식구들 떠나고 싶은 자갈처럼
눈감을 터
갈라진 흙벽의 지푸라기 같은
어제의 아픈 관등성명까지
넉장거리로 눕히고 싶은 어둠처럼
눈감을 터
비울 것 다 비우고 순례자처럼
한 평 지붕이면 되겠니?

■□ 해설

생태사회의 길을 밝혀주는 생명의식의 불빛
- 이자규 시집 『붉은 절규』 해설

송용구(시인·문학평론가)

  2001년 『시안』으로 등단한 시인 이자규의 새 시집 『붉은 절규』는 그의 오랜 시력(詩歷)에서 비쳐 나오는 현실인식과 비판의식과 생명의식이 어우러져 빚어낸 시적(詩的) 융합의 결실이다. 다수의 작품이 '기후 위기'의 사회문제를 언어의 청진기로 진단하고 있다는 점에서 『붉은 절규』는 이 시대의 작가들이 공유해야 할 시대정신이 무엇인지를 환기시킨다. 시적 자아의 광학 렌즈로 '유기체적 시스템'의 붕괴 현상을 정밀하게 재생하는 극(極)사실주의 성향이 나타난다는 점도 특히 주목할 만하다.
  물·공기·흙과 동식물은 생명선(生命線)으로 연결되어 도움을 주고받는 상호부조의 유기체적 시스템을 이루고 있다. 러시아의 생태사상가 P. A. 크로포트킨은 그의 저서 『만물은 돕는다』에서 모든 생물이 서로 '결합해서 상호부조를 실천할 때 모두가 최대한의 안전을 확보할 수 있다'라고 말했다. 그런데 만물에 안전을 담보해 주는 이 상호부조의 시스템이 각종 화학물질과 폐기물들의 융단 폭격에 무너져가는 종말의 임계점이 다가오고 있음을 이자규의 시에서 확연히 체감하게 된다. 하지만 그의 작품들은 생태 파괴와 기후 위기의 현상들을 르포(Repo)의 언술 방식으로 고발하는 데 그치지 않는다. 그의 상상의 촉수(觸手)는 생물들의 상호작용에 대한 인식을 바탕으로 생명의 기원을 감각하고 있다. 시 「테트라포드」를 주목해 보자.

어느 날
굶주린 어미 사체가 밀려왔다
주검은 고래상어의 위장관을 막은 비닐봉지다

밀려온 더미에서 겨우 빠져나온
물고기는 내 등에 누워 풍장으로 갔다
이제 곧
오대양 육대주의 식구들이
들이닥칠지도 모르는 장례

플랑크톤 자리를 플라스틱이 차지하고 있다

바다는 인간에 혹사당하고

문명은 인간을 혹사시키고

나의 등은 모든 것들의 등이다

겨드랑에서 밥 빌어먹었던 쓰레기 더미조차

절멸바다를 꿈꾸고 있는지 더 깊숙이 파고들어

물살이 물살을 이웃하는 사이에

찰나의 달빛은 꿈쩍도 않는 나의 하늘을 바꾸었다

-「테트라포드」 전문

    테트라포드는 파도가 해일로 돌변하여 육지로 범람하는 것을 방지하기 위해 방파제에 세워놓은 콘크리트 블록이다. 테트라포드를 유심히 살펴보자. 뿔 모양의 다리 네 개를 가진 동물의 형상이다. 거친 파도의 공격을 막아내는 콘크리트 블록일 뿐인 테트라포드는 이자규의 시에서 동물 테트라포드로 현현한다. 3억 8천만 년 전, 지구의 생물들은 물에서 육지로 올라와 진화하기 시작했다. 이때 초기 사지(四肢)동물인 테트라포드는 본래의 지느러미 대신 다리와 손가락 비슷한 구조를 발달시키며 육지 생활에 적응했다고 한다. 이 테트라포드가 아득한 태고의 시절을 네 발로 성큼 뛰어넘어 기술문명의 한복판으로 건너와 바닷가의 방파제 위에 앉아 있다.

테트라포드는 '어미 고래상어의 사체'를 온몸으로 받아준다. 층층이 "위장관을 막은 비닐봉지"로 인해 아무것도 먹지 못한 채 굶어 죽은 고래상어의 주검. 그 사체를 수의(壽衣)처럼 겹겹이 두르고 있는 폐기물들의 "더미에서 겨우 빠져나온" 고래상어를 자신의 '등'에 말없이 누인 채 근친의 '장례'를 치르듯 '풍장'을 거행하는 테트라포드. 그의 몸을 액세서리처럼 장식하던 수많은 플랑크톤이 담당해야 할 조문객들의 '자리'를 얄궂게도 불청객 '플라스틱' 무리가 침략군처럼 점령하고 있다. '생태시'의 관점에서 볼 때 테트라포드가 치르고 있는 '물고기'의 슬픈 장례식은 복합적인 의의를 갖는다. 그중 하나는 현대인들의 과잉 소유와 과잉 소비로 인하여 거대한 '쓰레기' 하치장으로 변해가는 바다와 바닷속 생물들의 '절멸'의 위기 상황을 고발한다는 점이다. 이런 견지에서 볼 때 이자규의 시 「테트라포드」는 생태시의 기본적 조건인 현실인식과 비판의식의 측면을 충족한다. 간과할 수 없는 또 하나의 의의가 있다. 그것은 아득한 태고의 시절에 물속에서 살았던 테트라포드의 원초적 자연성을 '지금 이곳'으로 불러냄으로써 기술문명의 메커니즘에 저항하는 생명력으로 삼으려 한다는 점이다. 이자규의 시는 현실인식과 비판의식의 토대 위에 '생명의식'이라는 구조물을 축조한다. 생태시의 뇌수(腦髓)인 생명시의 단계로 나아가는 행보를 시작한 것이다.

「테트라포드」에서처럼 잃어버린 원초적 자연성을 복원하려는 갈망은 생물들 사이에 촘촘히 이어져 있는 생명의 연결고리들을 지켜내려는 시인의 의지로 표출된다. 시집의 표제작 「붉은 절규」를 읽어보자.

    핏대 세우고 달리는 차
    속임수 하늘 창에 부딪힌
    새의
    희망심장이 차창에 터졌다

    새들은 새일 뿐
    공해항로를 모른다

    빈 종이컵만 나뒹구는 길가
    핀 제리세이지 핏방울 꽃
    꽃이 아니다
    노래를 잃고 비상을 잃고

울음 나부끼는 날갯죽지 위로

먼지바람이 훑어가고 있다

- 「붉은 절규」 전문

테트라포드를 기후 위기의 현실 세계로 불러내 자신의 대변자로 세웠던 시인은 새들의 하늘길을 지워버리는 회색빛 "공해항로"에 대항한다. 하늘과 땅의 경계조차 감지하지 못할 만큼 '새들'의 오감은 녹슬어버렸다. 쾌속으로 질주하는 네 발 달린 쇳덩어리의 공격 앞에서 '새들'은 육신을 방어할 본능의 엑셀레이터조차도 작동이 멎은 채 죽음을 강요당한다. 새들의 푸르른 항로가 공해항로로 변한 것은 산과 숲과 나무와 새들 사이에 이어진 생명의 길들이 이미 끊어졌음을 뜻한다. 샛강의 물결처럼 흘러와 새들의 폐부 속으로 스며들던 나무의 숨결을 그들은 더 이상 마시지 못한다. 그들에게 단절된 것은 호흡의 길만이 아니다. 동공과 망막의 예리한 레이더를 원활하게 작동시키던 햇살의 길도 자취를 감추었다. 새들의 촉각과 시각이 정지되는 순간을 기다렸다는 듯 전속력으로 그들을 마중 나온 죽음의 사자(使者)는 누구인가? 그는 회색빛 차창을 '하늘 창'으로 위장한 네 발 달린 철갑 괴물이다.

아스팔트에 누운 채 "먼지바람"에 쓸려가는 새들의 고운 깃털. 선혈 맺힌 그들의 고운 깃털 자락들은 이제는 '꽃'의 정체성을 잃어버린 "제리세이지 핏방울 꽃"을 닮았다. "날갯죽지"마다 핏방울처럼 피어 있는 새들의 "붉은 절규"와 먼지바람에 굳어져 가는 마지막 눈물 한 방울은 하늘길의 끝자락에서 끊어진 그들의 마지막 모스 부호 같다. 그렇다면, 눈이 시리도록 푸르렀던 하늘의 수많은 생명길을 메두사의 농간처럼 잿빛의 공해항로로 변색시키는 근본적 원인은 무엇일까? 그 심각한 병인(病因)을 「Big Questions」에서 시인의 청진기로 진단해 보자.

개장국 집 간판 내리고 개 같은 시대
새끼 번식하라고 길고양이 챙겨주는 시대

그들은 다만 먹고 또 먹는다
건초가 아니라 여물이 아니라

움직이면 살찌울 수 없어 네 발만 서 있을 공간에서
뭔가가 섞인 배합사료 부대가 계속 비워지고
비워져 종일 먹는다

오늘도 인간을 위한 기계살이로 별이 떴다
새벽을 알리는 첫닭 울음소리보다

롤링 칸칸 하얀 항생제 닮은 알이 채워지는 천국

쟁기질을 따라가는 병아리 떼 종종종

금빛 게으른 울음 해설피 울었다는 소는

어디로 갔을까요?

- 「Big Questions」 전문

"금빛 게으른 울음 해설피 울었다"라는 인용 구절에서 드러나듯 정지용 시인의 「향수」에 등장하는 '소'는 아름다운 자연풍경의 정취를 느끼게 해주는 생명의 상징이었다. 하지만 '넓은 벌 동쪽 끝으로 옛이야기 지줄대는 실개천'의 리듬 속에서 평화롭게 '건초와 여물'을 먹고 여유로이 되새김질을 하던 '소'는 그 평화와 여유를 박탈당했다. 인간과 함께 공존한다고 말하기조차 무색한 오늘의 소는 '뭔가 섞인 배합사료를 다만 먹고 또 먹으며' 특유의 느린 발걸음마저도 빼앗겼다. 조금이라도 '움직이면 살찌울 수 없어 네 발만 서 있을' 감옥 같은 공간에 갇혀 눈을 뜨고 있는 내내 인공사료만을 먹고 또 먹는다. 자연살이가 아니라 "기계살이"라는 운명의 라벨이 소의 몸에 부착되었다. "새벽을 알리는 첫닭 울음소리"도 병색이 뚜렷하다. 닭장의 '칸칸'마다 놓여 있는 암탉들의 '알'은 그들의 감기와 두통을 없애려는 "하얀 항생제"를 쏙 빼

닮았다. 빛깔도 하얗고 모양도 동그랗지만 무엇보다도 '알' 속에 스며든 독성이 공통분모다. 닭과 소에게 항생제를 강제로 투약하는 저의가 무엇인가?

항생체처럼 강한 독성이 함유된 물질을 '닭'에게 먹이면 오히려 바이러스에 저항할 면역력이 저하되어 닭의 수명을 단축시킨다. 건초와 여물 대신 '소'에게 공급하는 배합사료는 소의 뇌를 파괴하는 직격탄이 된다. 동물들에게 인공사료를 더 많이 더 오래 먹이고, 몸집이 비대해진 그들의 개체 수를 더 늘리어 더 높은 판매 수익을 얻으려는 얄팍한 노림수는 인류에게도 크나큰 해악을 안겨준다. 생물들의 멸종 시기를 앞당겨 인류의 생존을 위협하기 때문이다. 종(種)의 건강을 돌보는 일에는 전혀 관심이 없고 오로지 개체 수와 물량을 증가시켜 자본의 첨탑을 더 높이 쌓으려는 현대인들의 물욕이 모든 생물의 공생 시스템을 무너뜨리게 될 것이다.

「Big Questions」에서 이자규 시인은 생물들을 물건으로 취급하는 인류의 폭력을 질타하고 있다. 소유욕과 소비욕이 팽창할수록 소, 닭, 곰 등 '생명'을 지닌 종(種)들은 인간의 통장에 돈을 빼곡히 채워주는 상품으로 변질된다. 현대인들의 과잉 소유와 과잉 소비의 욕망이 자연의 생명을 자본의 단계로 타락시키는 반(反)생태적 문화를 코로나바이러스처럼 확산시킨다. 결코 자본의 가치로 환산해서는 안 될 '생명'을 오로지 자본 증식의 수단으로 남용하는 인류의 물신주의(物神主義) 풍조가 기후 위기의 종양을 키우는 근본적 병인(病因)이 아닌가? 이러한 '빅 퀘스천'이 각성의 촉매가 되어 우리 모두의 잠들었던 이성을 깨운다.

평자는 시 「나의 육갑이라고 쓰다」에서 '쓸개'를 얻기 위한 물건으로 비참하게 전락하는 '곰'을 향한 시인의 연민을 읽은 바 있다. 그 연민의 감정 속에는 인간의 물욕과 야만적인 폭력을 비판하는 시인의 눈길이 날 선 검(劍)처럼 번득이고 있었다. 또 다른 시 「쇄빙선」에서 새로운 빙하기가 도래하듯 "콩고의 빈민굴이 폭설에 묻힐 때" 이를 기다렸다는 듯 일제히 움직이는 '쇄빙선'의 무리와 '제설제' 판매업자들의 행태를 보라! 자본을 축적하기 위해 자연과 만물을 오로지 도구로써 이용하기만 하는 인류의 물신주의 문화가 기후 위기의 근본적 원인임을 증거하고 있다. "나는 쇄빙선 속에 있고 쇄빙선은 내 속에 있다"라는 것은 생태파괴의 병인을 객관적으로 인식할 뿐만 아니라 그 병인을 일으키는 책임이 인류 자신에게 있음을 성찰하는 시인의 자성적(自省的) 고백이기도 하다.

「Big Questions」, 「나의 육갑이라고 쓰다」, 「쇄빙선」은 현실인식과 비판의식의 토대 위에 서 있는 이자규의 생명의식을 보여준다. 그의 생명의식은 다수의 시작품에서 혈관처럼 이어져 흐른다.

「소금쟁이」, 「물고기들」, 「푸른 밤」 등이 선명한 모델이다. 그중에서도 대표작으로 손꼽을 만한 「푸른 밤」을 주목해 보자.

　나무의 결을 더듬고 힘을 예감하는 벌레들의 촉각은 넓고 깊다 달포 전부터 벌레가 편백나무 선반을 갉아 먹고 있었다 처음엔 옆모서리 세 군데, 며칠 후엔 여러 군데 고운 떡가루 같은 것이 보였다 저도 먹어야 살지 볼 때마다 마른걸레로 훔쳐 냈다

　책상도 시계도 거울도 잠들지 못했다 푸른 밤이 출렁거리고 그때 침착하게 매달린 몇 장 별들과 그늘을 주워 올리며 나는 그림자를 남기는 것은 빛이 아니라 제 속의 흉터라는 것을 알게 되리라 가슴 아프기 시작하고 점점 벌레들이 근거리로 깊어지고 장기마다 열꽃들이 피고 있다

　어떤 새벽이 저 열불에 온전한 정신 한 줄기 심을 수 있을까 벌레 지나갔던 길 냄새를 맡다가 나는 약간의 체온이 필요했다 인간이 벌레 길을 따라 걸으며 황금의 색깔이 채색되고 있었다

-「푸른 밤」 전문

시인은 "편백나무 선반을 갉아 먹고 있는" 생물의 무리를 '벌레들'이라 칭하지만 이는 그저 국어사전에 기록된 이름일 뿐이다. 시인의 마음속에 펼쳐진 시작(詩作) 노트에는 '달포 전부터' 머물고 있는 '손님들'이라 적혀 있을 것이다. 여기저기 떨어져 있는 "고운 떡가루 같은 것"은 이 손님들이 파괴한 선반의 잔해가 아니라 그들이 먹다 남긴 음식 부스러기다. 그 부스러기를 닦아내던 시인은 손님들이 식사를 마치고 걸어갔던 '길'을 더듬어 본다. 시인의 손끝에 손님들의 '체온'이 만져진다. 길 위에는 그들의 '그림자'가 어린다. 시인의 '촉각'은 손님들의 그림자로부터 그들의 몸속 깊이 패어 있는 상처의 '흉터'를 감지한다. 그 흉터는 어느새 시인의 '가슴'으로 전이되어 켜켜이 쌓여 있는 그의 상처 위에 새 옷으로 입혀진다. 손님들은 멀리 떠났지만 그들이 시인의 가슴속에 화인(火印)처럼 남긴 흉터는 그들의 체온을 "근거리로 깊어지"게 하고 마침내 시인의 "장기마다 열꽃"을 피운다. 그 열꽃은 다름 아닌 시인과 손님들 사이에 아직도 이어져 있는 생명선(生命線)의 열이다. 그들이 걸어간 '길'을 지금도 시인은 걷고 있다. 가슴에 덧입혀진 그들의 흉터가 '푸른 밤'이 저물도록 시인의 촉각을 '아프게' 자극하기 때문이다.

　이자규의 시에 등장하는 벌레, 소, 곰, 소금쟁이, 돌고래 등은 사물이 아니다. 마르틴 부버(Martin Buber)가 강조한 것처럼 그들은 인간의 이성에 의해 지배를 받는 '대상'이 아니며 단지 '그것'으로 취급되는 물건도 아니다. 자크 데리다(Jaques Derrida)가 말한 것처럼 그들은 시인의 주체로부터 해방된 '타자(他者)'로서 소중한 생명을 지닌 독립적인 존재다. 자연의 생물들을 인간의 종속물이자 소유물로 여겼던 '인간 중심'의 지배구조가 남김없이 해체되어 '생명 중심'의 새로운 질서로 재편되고 있음을 「벼루」에서 목격해 보자.

    이 돌도 엉겁결에 굴렀을 터
    붓이 기다리는 줄도 모르고
    벼락을 맞고 벼랑에 떨어지는 운으로
    폭포에 시달리기 시작했을 것이다

    잔설 속 홍매
    댓잎 흔드는 소리
    돌아갈 수도
    이름도 없었다면
    이 돌은 우주의 한 몸을
    그냥 건너가기로 했을 운명
    〈

다음 세대를 잇는

인간 세상을 위한 물소리 새소리까지

갈구고 닳은 현생의 몸이 하나의 존재로

묵묵히 지키고 싶었을 것이다

-「벼루」 전문

 벼루를 가리키는 '이 돌'의 몸속에서 홍매, 댓잎, 물소리, 새소리가 생명의 핏줄로 연결되어 함께 호흡하고 있다. 서화가의 먹(墨)으로 '이 돌'을 쓰다듬고 어루만지면 돌의 몸속에 잠들어 있던 홍매의 빛깔과 댓잎의 향기와 새의 날갯짓과 물의 무늬가 꿈틀꿈틀 일어선다. 그 빛깔과 향기와 날갯짓과 무늬는 붓이 화선지에 열어 놓은 초록의 길을 따라 한 줄기 혈액처럼 돌의 본향을 향해 귀향하듯 흘러가고 있다. 생태주의자들이 주장하는 생명권(生命權)의 평등이 이자규의 시 속에서 실현되고 있다. '다음 세대를 잇는 인간 세상을 위한 물소리 새소리'에서 드러나듯 기후 위기 시대의 대안사회인 '생태사회'를 구현하려는 미래지향적 전망을 읽을 수 있다. 그런 견지에서 볼 때 알베르 카뮈, 사뮈엘 베케트, 이오네스코 등 이른바 '부조리 문학'의 작가들이 표방하는 '반복'의 역사관이 아닌 진보사관(進步史觀)의 색채가 뚜렷이 나타난다. 생명권의 평등을 토대로 삼아 인간과 자연의 상호부조가 원활히 이루어지는 생태사회. 이 미래지향적 대안사회를 지향하는 추진력은 이자규 시인의 생명의식에서 우러나온다.